Inhalt

Location Based Services (LBS) - Anbieter wollen Smart-Phone-User vor Ort einfangen

Kernthesen

Beitrag

Fallbeispiele

Weiterführende Literatur

Impressum

GENIOS WirtschaftsWissen Nr. 05/2011 vom 10.05.2011

Location Based Services (LBS) - Anbieter wollen Smart-Phone-User vor Ort einfangen

Harald Reil

Kernthesen

- LBS (Location Based Services) bieten Unternehmen eine Vielzahl von Möglichkeiten, um auf Kundenfang zu gehen.
- Die genaue Kenntnis des Aufenthaltsortes des Nutzers ist Voraussetzung, um standortbezogene Dienste anbieten zu können.
- Apple hat seine Datenschutzrichtlinie bereits entsprechend angepasst und auch

Vodafone investiert: Der Chef von Europas größtem Empfehlungsportal Qype sagt den Location Based Services eine große Zukunft voraus.
- Amerikanische Marktforscher sind weitaus vorsichtiger: Sie glauben nicht daran, dass sich LBS in großem Stil durchsetzen werden.
- Die EU hat eine Richtlinie erlassen, die "Behavioural Advertising" einschränkt. Das könnte sich auch negativ auf die LBS auswirken.

Beitrag

Moderne Kuppelei: Turteltäubchen finden sich via Smart Phone

Singles haben im österreichischen Skigebiet Sölden beste Chancen, ein Skihaserl beziehungsweise einen stattlichen Skihasen zu finden. Amor spielt in diesem Falle die moderne Technik. Denn von dieser neuen Form der Partnersuche profitieren nur Pistenflitzer, die mit einem Smart Phone ausgerüstet sind und sich bei dem lokalen Flirt-Service "Rehgehege" angemeldet haben. Das ist schnell geschehen - nur Flirten müssen die beiden liebestollen Wintersportler noch wie in alten Zeiten. Das mobile Partnerinstitut, für das die Werbeagentur PXP interactive verantwortlich zeichnet, ist nur ein Beispiel von vielen, worauf sich die mobile Online-Community in Zukunft freuen darf. Location Based Services (LBS) heißt das etwas umständliche Zauberwort, dessen deutsche Übersetzung - standortbezogene Dienste - zwar auch nicht gerade sexy klingt, deren zauberhafte Möglichkeiten aber in der Lage zu sein scheinen, selbst den Widerstand der eingefleischtesten Technikmuffel zu brechen. Um das Beispiel "Rehgehege" zu Ende zu führen: Über den Service erhalten die Turteltäubchen auch noch Gutscheine oder Ermäßigungen für ortsansässige Lokale und können so zum Beispiel ihr Aufeinandertreffen auch noch günstig begießen. So nett dieses Beispiel auch klingen mag, es ist noch lange nicht ausgemacht, ob sich die Location Based Services wirklich durchsetzen werden. Gegenwind kommt auch von Datenschützern. Sie warnen vor "gläsernen Mobilfunkkunden" und kritisieren, dass Anbieter die Bewegungsprofile von Nutzern speichern und die Daten an die Werbewirtschaft weitergeben. (1)

Geldsegen für Qype:

Empfehlungsportal will seine LBS weiterentwickeln

Und dennoch: Einige Unternehmen erhoffen sich vom LBS-Markt eine ganze Menge. Ein Beispiel ist Vodafone. Über ihre Tochtergesellschaft Vodafone Ventures investiert der britische Telekommunikationsanbieter 3,5 Millionen Euro in Qype, Europas größtes lokales Empfehlungsportal. User haben dort mittlerweile schon in 158 000 Städten über 600 000 Geschäfte bewertet. Außerdem verzeichnet Qype rund 17 Millionen Unique Visitors - das ist kein schlechtes Ergebnis für eine Plattform, die erst im März 2006 seinen Dienst aufgenommen hat. Qype-Chef Ian Brotherson hat angekündigt, dass er mit dem Vodafone-Geld sowie mit weiteren drei Millionen Euro, die er von den Investoren Advent Venture Partners, Partech International und Wellington Partners erhält, die standortbezogenen Dienste seines Unternehmens weiterverbessern will, da diese, so glaubt er, besonders zukunftsträchtig seien. (2)

Bisher begeistern sich nur wenige User für Location Based Services

Ob diese Vorhersage tatsächlich stimmt, ist

allerdings umstritten. Einer Studie des US-amerikanischen Marktforschungsinstituts Pew Research Center for the People & the Press zufolge nutzen nur rund sieben Prozent der Erwachsenen standortbezogene Dienste, wenn sie mit ihrem Smart Phone online gehen. Das Ergebnis fällt bei der Zielgruppe der 18- bis 29-jährigen User zwar etwas besser aus, ist mit acht Prozent aber auch nicht gerade berauschend. Noch mehr gibt allerdings folgende Prognose der Marktforscher zu denken: Sie gehen davon aus, dass diese Zahlen auch in Zukunft nicht deutlich wachsen werden. (3)

EU-Richtlinie gegen "Behavioural Advertising"

Ein weiteres Problem, das den Höhenflug von Location Based Services stoppen könnte, noch ehe er begonnen hat, ist eine Richtlinie, die die Europäische Union erlassen hat. Die EU-Mitgliedsstaaten müssen sie bis zum 25. Mai dieses Jahres in nationales Recht umsetzen. Die Verordnung sieht unter anderem vor, "Behavioural Advertising" nur noch mit Zustimmung der User zuzulassen. Unaufgeforderte verhaltensorientierte Werbung sei, so die Begründung, ein Angriff auf die Privatsphäre. Wie massiv sich diese Richtlinie auf die Location Based Services auswirken wird, ist umstritten. Klar ist nur, dass ihr Einfluss nicht positiv sein wird. (4), (5), (6)

Trends

LBS könnten nach Ansicht von Experten auch die Jobsuche revolutionieren

Personalverantwortliche gehen davon aus, dass LBS die Bewerbungspraxis verändern könnten. Ein mögliches Zukunftsszenario: Ein Jobsucher hat seinen Lebenslauf bei einem Cloud-Dienstleister gespeichert. Bei einem Gang durch die Stadt sieht er ein Gebäude, das ihm gefällt, das noch dazu attraktiv gelegen ist und vielleicht auch nicht allzu weit von seiner Wohnung entfernt liegt. Er richtet sein Smart Phone darauf, das mit einer Job-App ausgerüstet ist. Tatsächlich sucht das Unternehmen einen Mitarbeiter mit seinen Qualifikationen. Mithilfe der so genannten Augmented-Reality-Technik erhält der Jobsucher auch noch weitere Informationen über die Firma, die allesamt vielversprechend klingen. Der Jobsucher schickt daher gleich an Ort und Stelle seinen im Cloud abgespeicherten Lebenslauf an die Personalabteilung der Firma. Dass sich der Recruitingmarkt auch in Deutschland tatsächlich in diese Richtung entwickeln könnte, zeigt das Beispiel USA: Firmen wie AT&T oder American Apparel akzeptieren bereits mit dem Smart Phone verschickte Bewerbungen. (7)

Fallbeispiele

Makabres App: Je näher das Atomkraftwerk, desto lauter tickt der Geigerzähler

Ein etwas makabres Beispiel eines LBS ist ein App, den die in Hamburg ansässige Softwarefirma ib-lab auf den Markt gebracht hat. Der so genannte AKW-Kompass zeigt dem Nutzer, wie weit das nächste Atomkraftwerk entfernt ist. Dazu vermerkt das App im Kartenmodus die Standorte aller AKW weltweit, es verlinkt auf Wikipedia für weitere Informationen, und - ein etwas seltsamer Einfall der Entwickler - es ahmt täuschend echt das Geräusch eines Geigerzählers nach, das um so lauter wird, je mehr sich der User dem Standort eines Atomkraftwerkes nähert. (8)

Gutschriften für "Viel-Checker":

VZ-Netzwerke kooperieren mit Friendticker

Die VZ-Netzwerke, zu denen StudiVZ, meinVZ und SchülerVZ-iPhone-App gehören, sind mit Friendticker, einem Geolocation-Service eine Kooperation eingegangen. Der Nutzen für die User: Mithilfe ihres Smart Phones können sie bei Shops oder Restaurants "einchecken" und ihren Freunden mitteilen, wo sie sich gerade aufhalten. Bei mehreren Check-Ins erhalten sie Bons oder andere Belohnungen. Marketeers nutzen den Service um beispielsweise eine Gutschrift auszuloben, wenn die Smart-Phone-Nutzer demselben Anbieter innerhalb eines bestimmten Zeitraums eine vorgegebene Anzahl von Besuchen abstatten - oder, um beim modernen Jargon zu bleiben - bei ihm "einchecken". Nutzen können den Service bisher nur Inhaber eines IPhones. Android-User müssen sich noch ein wenig gedulden, bis auch sie am Check-In-Spiel teilnehmen dürfen. Außer Friendticker und den VZ-Netzwerken bieten Foursquare und Gowalla ähnliche Services an. (9)

Apple im Visier der Datenschützer

Apple hat die Aufmerksamkeit von Datenschützern auf sich gezogen. Der Grund: Das amerikanische

Unternehmen sammelt die Bewegungsprofile von iPhone-Usern. Die Verantwortlichen rechtfertigen sich mit der Erklärung, dass sie über ihr erfolgreiches Smart Phone standortbezogene Dienste anbieten möchten; die genaue Kenntnis des Aufenthaltsortes des Nutzers sei dafür Voraussetzung. Um sich abzusichern, hat Apple im Juni letzten Jahres seine Datenschutzrichtlinie angepasst. Dort ist jetzt folgender Passus zu lesen: "Um standortbezogene Dienste auf Apple-Produkten anzubieten, können Apple und unsere Partner und Lizenznehmer präzise Standortdaten erheben, nutzen und weitergeben, einschließlich des geographischen Standorts Ihres Apple-Computers oder Geräts in Echtzeit." (10)

Weiterführende Literatur

(1) Schnäppchenjagd im Internet
aus Die Presse vom 2011-02-18, Seite: 21

(2) Beteiligung: Vodafone steckt Millionenbetrag in Qype
aus horizont.net vom 23.11.2010

(3) Kein Run auf Location-based Services
aus Kontakter Online vom 04.11.2010

(4) EU will Zwangsjacke für Online-Werbung
aus horizont.net vom 12.11.2010

(5) Cookie Consent: Opt-In Or Opt-Out?
aus horizont.net vom 12.11.2010

(6) ONLINE: Behavioural targeting to be regulated within a year
aus horizont.net vom 12.11.2010

(7) Ein Job? Dafür gibt es eine App
aus Computerwoche, 26.04.2011, Nr. 17

(8) App zeigt nächstes Atomkraftwerk Für das iPhone gibt es eine neue Applikation: Der AKW-Kompass kann Radioaktivität zwar nicht messen, zeigt aber dafür weltweit an, wo das nächste Atomkraftwerk steht und liefert weitere Infos.
aus COMPUTER-INFORMATIONS-DIENST vom 30.März 2011

(9) GEO-DIENST: VZ-Netzwerke verbünden sich mit Friendticker
aus kress.de vom 19.04.2011

(10) Datenschutz: Apple sammelt via iPhone Bewegungsprofile der Nutzer
aus horizont.net vom 21.04.2011

Impressum

Location Based Services (LBS) - Anbieter wollen Smart-Phone-User vor Ort einfangen

Bibliografische Information der deutschen Nationalbibliothek

Die Deutsche Nationalbibliothek verzeichnet diese Publikation in der deutschen Nationalbibliografie; detaillierte bibliografische Daten sind im Internet über http://dnb.d-nb.de abrufbar.

ISBN: 978-3-7379-0375-2

© 2015 GBI-Genios Deutsche Wirtschaftsdatenbank GmbH, Freischützstraße 96, 81927 München, www.genios.de

Alle Rechte vorbehalten. Dieses Werk ist einschließlich aller seiner Teile – z.B. Texte, Tabellen und Grafiken - urheberrechtlich geschützt. Jede Verwertung außerhalb der Grenzen des Urheberrechtsgesetzes bedarf der vorherigen Zustimmung des Verlags. Dies gilt insbesondere auch für auszugsweise Nachdrucke, fotomechanische

Vervielfältigungen (Fotokopie/Mikroskopie), Übersetzungen, Auswertungen durch Datenbanken oder ähnliche Einrichtungen und die Einspeicherung und Verarbeitung in elektronischen Systemen.